AF363679

LISTE CHRONOLOGIQUE

DES

PUBLICATIONS LITTÉRAIRES

HISTORICO-MÉDICALES et SCIENTIFIQUES

DU DOCTEUR

ACHILLE CHEREAU

Docteur en Médecine de la Faculté de Paris ;
Lauréat de l'Académie de Médecine ; — Membre de l'Académie de Médecine
Bibliothécaire de la Faculté de Médecine de Paris ;
Chevalier de la Légion d'honneur.
Etc., etc.

CANDIDAT A LA CHAIRE D'HISTOIRE DE LA MÉDECINE

Déclarée vacante

A LA FACULTÉ DE MÉDECINE DE PARIS

PARIS

IMPRIMERIE FÉLIX MALTESTE ET Cⁱᵉ

Rue des Deux-Portes-Saint-Sauveur, 22.

1879

Presque exclusivement attaché, depuis trente ans, à des études littéraires et à des recherches assidues se référant, pour la plupart, à l'Histoire de la Médecine; comptant dans mon bagage plusieurs centaines de publications grosses ou petites, médiocres ou bonnes, qui ont été accueillies avec intérêt et bienveillance; ayant pris pour but principal de mes labeurs les Annales de l'ancienne Faculté de Médecine de Paris, étudiées sur les documents authentiques et originaux; ayant même toute prête à être imprimée une Histoire de l'illustre Compagnie; récompensé dans mes labeurs par un fauteuil à l'Académie de Médecine, et par les fonctions de bibliothécaire de l'École de Médecine de Paris; encouragé, enfin, par mes amis, qui m'ont assuré que devant les compétitions qui se sont déjà produites, il n'y avait pas témérité de ma part à revendiquer une place... je me suis décidé à faire acte de candidature à la chaire d'Histoire de la Médecine, déclarée vacante par suite de permutation. Il est des circonstances dans lesquelles ce que des esprits chagrins pourraient appeler de l'ambition, devient un devoir, et où le désir d'être utile domine tout autre sentiment.

Dr ACHILLE CHEREAU.

Paris, le 26 février 1879.

LITTÉRATURE, HISTOIRE, HISTOIRE DE LA MÉDECINE

1. — Esquisse historique sur Louise Bourgeois dite Boursier, sage-femme de la reine Marie de Médicis.
Paris, 1852, in-8°. Portrait.

2. — Lettre sur Jacques Sacquespée, médecin de la Faculté de Paris.
Bulletin du Bouquiniste; 1er juillet 1858.

3. — Un avocat des bêtes oublié des hommes.
Bulletin de la Soc. protectr. des animaux. Nov. 1859.

4. — Exhumation du corps de Charles XII, roi de Suède.
Union méd. 1860, n° 145.

5. — Jacques Coitier, médecin de Louis XI, roi de France.
Paris, 1861, brochure in-8°.

6. — Le Journal de Jean Héroard, premier médecin de Louis XIII, roi de France.
Union méd. 1861, n° 94.
Article en partie reproduit par la *Correspondance littéraire,* n° 20; 25 août 1861.

7. — André Du Laurens, premier médecin de Henri IV, roi de France. — De la cérémonie appelée *Le Toucher du Roi.*
Union méd. 1861, n°° 121, 124, 125.

8. — Julien Clément, accoucheur de la Dauphine.

Union méd. 1861, n°ˢ 81, 96, 104.

9. — Henri de Mondeville, chirurgien de Philippe-le-Bel, roi de France.

Paris, 1862, in-8°. Fac-simile d'une miniature du XIVe siècle.

Ouvrage accueilli avec faveur, et qui, présenté à l'Académie de médecine, a été, de la part de Malgaigne, le sujet d'un rapport.

10. — Jean de Guistry, médecin de Charles V, et fondateur du collége de Cornouailles.

Aperçu de l'état de fortune d'un médecin de Paris au XIVe siècle.

Union méd. 1862, n° 15.

11. — De la maladie de Charles VI, roi de France, et des médecins qui ont soigné ce prince.

Union méd. 1862, n°ˢ 21, 24, 27, 30.

12. — Les médecins de la cour d'Isabelle de Bavière, reine de France, 1398-1435.

Union méd. 1862, n° 45.

13. — Les médecins et chirurgiens de Saint-Louis.

Union méd. 1862, n°ˢ 51, 54, 57.

14. — Les médecins de Louis XI, roi de France. 1461-1483.

Union méd. 1862, n°ˢ 98, 110, 125.

15. — Les médecins de Charles V, roi de France.

Union méd. 1862, n°ˢ 143 ; 1863, n°ˢ 4. 9, 13.

16. — Notice sur Pierre Milon, premier médecin de Henri IV.

Comptes rendus des travaux de la Société du Berry : 1863-1864. p. 474.

17. — Description de la Franche-Comté, par Gilbert Cousin de Nozeroy (année 1550), traduite pour la première fois, et accompagnée de notes. Lons-le-Saunier, 1863, in-12 de 144 p.; avec gravures et portraits.

Ouvrage récompensé par une médaille de 1re classe.

18. — Les renoueurs et rhabilleurs à la cour de France.

Union méd. 1863, n° 25.

19. — Deux mystificateurs du XVI° siècle, médecins de la Cour de France.

Union méd. 1863, n°° 31, 39.

20. — Les médecins de la Cour de France antérieurs au règne de saint Louis.

Union méd. 1863, n°° 73, 75, 76.

21. — Les médecins de François I°°, roi de France.

Union méd. 1863, n°° 87, 88.

22. — Les médecins de Charles VII, roi de France.

Union méd. 1863, n°° 100, 105.

23. — La Bibliothèque d'un médecin au commencement du XV° siècle.

Paris, 1864 ; in-8°, 22 p.

24. — Un herbarium de la fin du XV° siècle.

Bulletin du Bouquiniste, 1864, n° 180.

25. — A propos de Pascal.

Union méd. 1864, n° 21.

26. — Jean Fernel.

Union méd. 1864 , n°˙ 32. 35.

27. — Les médecins de Henri IV.

Union méd. 1864, n°˙ 49, 50. 51.

28. — Jean-Michel de Pierrevive, premier médecin de Charles VIII, roi de France, et le mystère de la Passion.

Union méd. 1854 , n°˙ 89, 92. — *Bulletin du Bibliophile*, mars-avril 1864.

29. — Guy Patin.

Union méd. 1864 , n°˙ 103, 106.
Voir les n°˙ 58 et 88 suivants.

30. — Les médecins de six rois de France. 1270-1350.

Union méd. 1864 , n°˙ 151, 153, 155.

31. — Journal de Jean Grivel, seigneur de Perrigny, contenant ce qui s'est passé dans le comté de Bourgogne, pendant l'invasion française et lorraine de l'année 1595.

Publié d'après le manuscrit original, et accompagné de notes, éclaircissements, etc. Lons-le-Saunier, 1865, in-8°.

32. — Les quatre Miron.

Union méd. 1865, n°˙ 13, 14.

33. — Les médecins de la Convention.

Union méd. 1865, n°˙ 43, 47, 49.

34. — Jean Yperman, chirurgien flamand des XIII° et XIV°
siècles.

Union méd. 1865, n° 61.

35. — Un coin du tableau de l'Hôtel-Dieu de Paris au XVI°
siècle.

Union méd. 1865, n° 93.

36. — Notice sur les anciennes Ecoles de médecine de la
rue de la Bûcherie.
Paris, 1866, in-8° de 31 p.

37. — Abrégé de l'histoire du prieuré conventuel de Notre-
Dame-de-Vaux-sur-Poligny, dressé l'an 1708, par
le révérend père Dom Chassignet... Publié par le
docteur A. Chereau, avec des notes par D.-A. Thi-
boudet. — Lons-le-Saunier, 1866, in-8° de 190 p.

38. — Les trois premiers médecins de Louis XVI.

Union méd. 1866, n° 3.

39. — La vérité sur la mort de Jean-Jacques Rousseau.
Brochure in-8°, 1866.

Ce mémoire a établi sur des documents irréfutables, et par des
arguments solides, que le philosophe de Genève ne s'était
point tué, et qu'il avait succombé à un épanchement séreux
dans le cerveau.
Voir le n° 86 suivant.

40. — Livre du chevalier Ulric de Hutten.

Union méd. 1866, n° 61.

41. — Procès intenté par la Faculté de médecine de Paris
à une femme exerçant illégalement la médecine.

Union méd. 1866, n° 93.

42. — Observation ancienne de transmission de la syphilis
d'un nourrisson à sa nourrice.
Union méd. 1866, n° 138.

43. — Un hippophage décapité.
Union méd. 1866, n° 141.

44. — Abrégé de l'histoire du prieuré de Château-sur-Salins,
écrit en 1708 et 1709, par Dom Albert Chassignet,
et publié pour la première fois, d'après le manuscrit original, par **M. A. Chereau.**
1867, in-8°.

45. — Un illustre enfant de Poligny, jusqu'ici oublié.
Bullet. de la Soc. d'Agric., Sc. et Arts de Poligny, 1867, p. 327.

46. — La médecine en ballon.
Union méd. 1867, n° 91.

47. — Lettres médicales sur les temps passés.
Union méd. 1867, n° 118.

48. — Le Guillotin de **M. Dubois** (d'Amiens), et le Guillotin
de l'histoire.
Journ. des conn. médico-chirurg., **20 févr. 1867.**
Voir le n° 59 suivant.

49. — Essai sur les origines du journalisme médical français, suivi de sa bibliographie.
Paris, 1867, in-8°, 40 p.

50. — Catalogue d'un marchand libraire du XV° siècle, te-
nant boutique à Tours, publié par le docteur
A. Chereau, avec notes explicatives.
Paris, 1868. in-12.

51. — Convivia.
>   *Union méd.* **1868,** n° 66.

52. — Un chapitre inédit de l'histoire de la syphilis.
>   *Union méd.* **1868,** n° 105.

53. — Description topographique de la ville de Champagnole, écrite au commencement du XVIIIe siècle, et publiée par le docteur A. Chereau.
>   In-8°, 1869.

54. — La Galerie des portraits de l'ancienne Faculté de médecine de Paris.
>   Paris, 1869, in-8°.

55. — Les deux Chappelain et le Val-de-Grâce.
>   *Union méd.* **1869,** n° 32.

56. — Revue historico-médicale.
>   *Union méd.* **1869,** n° 56.

57. — Variétés. L'homme et la machine à vapeur.
>   *Union méd.* **1869,** n° 72.

58. — Les enfants de Guy Patin.
>   *Union méd.* **1869,** n° 132 ; **1870,** n° 4.

59. — Guillotin et la guillotine.
>   1870, in-8°.

60. — Allez visiter les Arènes de la rue Monge.
>   *Union méd.* **1870,** n° 65.
>   Reproduit dans l'*Année scientifique* de Figuier : 1870-71, p. 136.

61. — Les inconvénients du galon d'or.

Union méd. 1871, n° 23.

62. — Journal d'un aspirant au grade de docteur régent dans l'ancienne Faculté de médecine de Paris.

Union méd. 1871, n°s 104, 107, 108, 110, 111.

63. — Discipline et confraternité dans l'ancienne Faculté de médecine de Paris.

Union méd. 1872, n°s 48, 49, 52.

64. — Un point historique éclairé.

Union méd. 1872, n° 76.
Il s'agit de Charles Patin, fils de l'illustre Guy Patin.

65. — Coup d'œil sur les institutions médicales en Suède.

Union méd. 1872, n° 135.

66. — Les premiers médecins de Louis XV.

Union méd. 1872, n°s 93, 96.

67. — Topographie médicale de la ville de La Châtre, par Bernard, publiée par le Dr Chereau.

Écho de l'Indre, 26 juillet, 9 août 1872.

68. — Les ordonnances faictes et publiées à son de trompe par les carrefours de ceste ville de Paris pour éviter le dangier de peste, 1531 ; précédées d'une étude sur les épidémies parisiennes, par le Dr Achille Chereau.

Paris, 1873, in-8°, 144 p.

69. — Mémoire sur la topographie médicale de Troyes et de

ses environs, par Picard. Publié par le docteur A. Chereau.

Mém. de la Soc. Acad. du dép. de l'Aube, t. X; 3ᵉ série, 1873.

70. — Les méreaux et les jetons de l'ancienne Faculté de médecine de Paris.

Union méd. 1873, nᵒˢ 26, 27.

71. — Le Parnasse médical français; ou Dictionnaire des médecins poëtes de la France...
Paris, 1874, in-8ᵒ, 552 p.

Une seconde édition, considérablement augmentée, est en préparation.

72. — Une tempête dans un verre d'eau.

Gaz. hebdom. 1874, nᵒ 29.

73. — Encore Charles Bouvard et le Jardin des plantes de Paris.

Gaz. hebdomad. 1874, nᵒ 31.

74. — Fondations importantes faites ou encouragées par les médecins de Paris.

Gaz. hebdom. 1874, nᵒˢ 47, 48, 49, 51, 52.

75. — Comment on faisait la médecine au commencement du XVIIIᵒ siècle.

Union méd. 1874, nᵒˢ 1, 3.

76. — Carlo Ruini et la circulation du sang.

Union méd. 1874, nᵒ 67.

77. — Un projet de crémation en l'an VII.

Union méd. 1874, nᵒˢ 74, 76.

78. — Note sur deux points de l'histoire de la u..

Union méd. 1874, n°s 108, 110.

79. — Les origines de l'ancienne Faculté de médecine de Paris.

Union méd. 1874, n°s 147, 150, 153.

80. — Les six couches de Marie de Médicis, reine de France et de Navarre, racontées par Louise Bourgeois, dite Boursier, sa sage-femme. Étude biographique, notes et éclaircissements. Par le docteur Achille Chereau. Orné de deux portraits gravés sur cuivre.

Paris, 1875, in-8°, 161 p.

81. — Phœbus Hitzerus Themmen.

Gaz. hebdom. 11 juin 1875.

82. — Le docteur Mac-Mahon.

Journ. des Conn. méd. 15 juill. 1875.

83. — Quelques usages et coutumes observés dans l'ancienne Faculté de médecine de Paris.

Union méd. 1875, n°s 41, 46, 64, 112, 113, 115, 118.

84. — A propos d'un discours académique de M. le professeur Tourdes.

Gaz. hebdom. 1876, n°s 5, 7.

85. — Curiosités médicales.

Gaz. hebdom. 1876, n°s 44, 46, 47.

86. — Une nouvelle preuve de la mort naturelle de Jean-Jacques Rousseau.

Bullét. de la Soc. de l'hist. de Paris; 3e année, 1876, p. 48.

87. — Charrière. Notice biographique.
Lausanne, 1876, in-8º.

88. — Quelques lettres inédites de Guy Patin. 1651-1661.
Paris, 1877, in-8º, 48 p.

89. — Ragatz-Pfaeffers.
Union méd. 1877, nᵒˢ 106, 112.

90. — Un recueil de lettres de Boerhaave.
Union méd. 1877, nᵒ 121.

91. — Theophraste Renaudot.
Paris, 1878, in-8º.

92. — Notice sur l'origine de la Bibliothèque de la Faculté
de médecine de Paris. Ce qu'elle a été ; ce qu'elle
sera.
Paris, 1878, in-8º.

93. — Promenades d'un médecin à l'Exposition universelle.
Union méd. 1878, nᵒˢ 91, 94, 97, 100, 103, 106, 109, 116,
121, 127, 130, 133.

94. — Notice sur les thèses soutenues dans l'ancienne Faculté de médecine de Paris.
Union méd. 1879, nᵒ 26.

95. — Collaboration au *Dictionnaire encyclopédique des sciences
médicales,* en cours de publication.
Articles principaux :
Alchimie. — Amulettes. — Anatomie (Histoire de l').
Apothicaires. — Archiâtres. — Astrologie. — Char-
latanisme. — Forceps (Historique). — Médecins

poëtes, numismates, architectes, béatifiés, etc. — Mutilations ethniques. — Plus, un grand nombre de biographies de médecins.

96. — Histoire de l'ancienne Faculté de médecine de Paris.

Ouvrage terminé, et qui formera deux forts volumes in-8°, avec planches, gravures. illustrations, etc.

97. — Histoire d'un livre. Michel Servet et la circulation pulmonaire.

Étude destinée à une lecture à faire prochainement à l'Académie de médecine.

98. — En préparation :

Édition complète des lettres de Guy Patin, toutes collationnées sur les originaux.

SCIENCES

Sous les numéros suivants, on notera plusieurs travaux sur les ovaires et sur leurs maladies. Je ferai remarquer qu'à une époque où la pathologie de ces organes arrêtait peu l'attention des médecins, mes recherches sur ce point n'ont pas peu contribué à avancer son étude.

Je suis le premier qui ai fait connaître complétement en France l'opération de l'ovariotomie telle qu'elle se pratiquait journellement en Angleterre et en Amérique; les statistiques que je donnai ont été reproduites par presque tous les médecins qui ont publié des travaux sur ce mode de guérir radicalement les kystes ovariques.

99. — Mémoires pour servir à l'histoire des maladies des ovaires. Premier mémoire, contenant : 1° les considérations anatomiques et physiologiques ; 2° l'agénésie et les vices de conformation des ovaires ; 3° l'inflammation aiguë des ovaires (ovarite aiguë). Paris, 1844, in-8°.

Travail reproduit en partie dans le *Compendium de médecine pratique*, et cité avec honneur dans plusieurs ouvrages.

100. — Observation d'un abcès de l'ovaire.

Journ. des conn. médico-chirurg., août 1843.

101. — Mémoire sur l'excision des tumeurs ovariques.

Journ. des conn. médico-chirurg., juin 1844.
Reproduit par presque tous ceux qui ont écrit sur les kystes ovariques.

102. — Observation de rage humaine.

Gaz. méd., 10 août 1844.

103. — Le monstre de La Châtre.

Rapport lu à la Société médicale du 1er arrondissement de Paris, dans sa séance du 30 octobre 1845.
Paris, 1845, broch. in-8°.

104. — Eventration congénitale.

Journ. des conn. médico-chirurg., juin 1845.

105. — Rapport médical sur un monstre bicéphale.

Revue médicale, 19 nov. 1845.

106. — Du sexe de l'enfant considéré comme une cause de difficultés et de dangers dans la parturition humaine.

Annales d'hyg. et de méd. légale, juillet 1846, et brochure.

107. — Observation de suette miliaire sporadique.

Journal des conn. médico-chirurg., octobre 1846.

108. — Kyste pileux du cul-de-sac ombilical.

Journ. des conn. médico-chirurg., nov. 1846.

109. — Premiers principes de médecine, par Archibald Billing; traduit de l'anglais sur la quatrième édition. Paris, 1847, in-8° de 357 p.

110. — Remarques sur le régime cellulaire mis en pratique à la prison modèle de Pentonville (Londres).

Union méd. 1851, n° 40.

111. — Extraction des corps étrangers introduits dans le canal de l'urèthre.

Journ. des conn. médico-chirurg., mai 1847.

112. — Esquisse historique sur l'ovariotomie.

Union médicale, 1847, n°° 94, 95, 96.

113. — Du suicide.

Ouvrage inédit, couronné par l'Académie de médecine, séance du 5 déc. 1848.

114. — De l'hydropisie de l'ovaire considérée au point de vue de son étiologie.

Union médicale, 1848, n°° 65, 66, 67, 68.

115. — Considérations sur le suicide.
Union médicale, 1849, nᵒˢ 66, 67, 69, 75, 79.

116. — Hôpitaux et administrations de bienfaisance à Rome.
Union médicale, 1858, nᵒ 121.

117. — De l'influence des ovaires.
Union médicale, 1850, nᵒ 135.

118. — Sociétés médicales de secours en Angleterre.
Union médicale, 1851, nᵒ 7.

119. — Ovariotomie.
Union médicale, 1851, nᵒ 21.

120. — Exposition universelle de Londres.
Union médicale, 1851, nᵒ 83.

121. — Des cités ouvrières de Londres.
Union médicale, 1851, nᵒ 122. — Reproduit dans le *Siècle*,
24 octobre 1851.

122. — Statistique de l'opération césarienne en Angleterre.
Union médicale, 1852, nᵒ 38.

123. — Falsification des médicaments en Angleterre.
Union médicale, 1853, nᵒ 27.

124. — Statistique de la lithotomie.
Union médicale, 1853, nᵒ 31.

125. — Observation d'empoisonnement par la digitaline.
Union médicale, 1854, nᵒ 4.

126. — Suicide par le chloroforme.
Union médicale, 1857, n° 106.

127. — Des associations médicales en Angleterre.
Union médicale, 1857, n°° 136, 139.

128. — Observation d'opération césarienne *post mortem*.
Union médicale, 1861, n° 47.

129. — Observation d'hydatide du foie.
Union médicale, 1861, n° 76.

130. — Réclamation de priorité sur l'ovariotomie.
Union médicale, 1862, n° 83.

131. — De l'origine du vaccin d'après les premiers obser-
vateurs.
Union médicale, 1864, n°° 5, 7, 8.

132. — La démence de l'anatomie pathologique.
Union médicale, 1864, n° 114.

133. — Des causes tangibles du choléra.
Union médicale, 1865, n° 152.

134. — On rappelle seulement pour mémoire un grand nombre d'articles de critique littéraire et de revues
bibliographiques publiés par divers journaux.

8060. Paris. — Imprimerie Félix Malteste et Ce, rue des Deux-Portes-Saint-Sauveur, 22